Joseph Richard KABASELE DYCKOBA

MES TISSAGES

Joseph Richard KABASELE DYCKOBA

MES TISSAGES

Éditions Muse

Imprint
Any brand names and product names mentioned in this book are subject to trademark, brand or patent protection and are trademarks or registered trademarks of their respective holders. The use of brand names, product names, common names, trade names, product descriptions etc. even without a particular marking in this work is in no way to be construed to mean that such names may be regarded as unrestricted in respect of trademark and brand protection legislation and could thus be used by anyone.

Cover image: www.ingimage.com

Publisher:
Éditions Muse
is a trademark of
Dodo Books Indian Ocean Ltd. and OmniScriptum S.R.L publishing group

120 High Road, East Finchley, London, N2 9ED, United Kingdom
Str. Armeneasca 28/1, office 1, Chisinau MD-2012, Republic of Moldova, Europe
Printed at: see last page
ISBN: 978-620-4-96465-2

MES TISSAGES

POESIES

MES TISSAGES

AUTEUR

Joseph Richard KABASELE DYCKOBA

Ingénieur des travaux statistiques

Analyse et politique économique

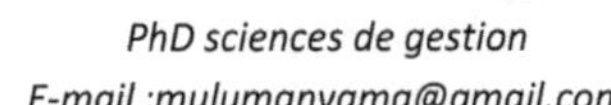

Master en économie de développement

PhD sciences de gestion

E-mail :mulumanyama@gmail.com

PREFACE

Quand on commence à rêver c'est dire qu'il n'y a plus sommeil !

Comme le changement est permanant c'est-à-dire que rien n'est permanant !

Quand j'aurai ma bière prête c'est-à-dire que je suis mort !

Comme ils se mettront à pleurer c'est dire ils sont contre moi !

KUFUA KUNYITU[1]

Et la joie qu'elles nous donne,

N'est pas celle de ces bonnes

Qui nous offrent l'automne,

Dans la joie de l'aumône

Oubliant que notre hiver sera long et monotone.

J'irai partout, mes frères.

Par-delà les mers,

Au-delà des terres,

Et même dans l'enfers,

Trouver le vrai amour dont elles rêvent.

L'automne pour moi est arrivé,

Mes feuillages par le vent éparpillés,

Pour tout espoir tout est achevé,

Le courage d'attendre la charge des nuées

[1] Mourir en soi

Et la joie qu'ils nous donnent,

Est celle de ces hommes,

De rien nous offrent la vie,

Dans la folle joie de « je t'aime »,

Oubliant que notre avenir sera abîme.

J'irai par toutes les villes,

Et dans les villages des gorilles.

Aimer tous ces enfants qui crient.

Menacés par tous de mille périls.

A qui on ferme toutes les grilles.

L'automne pour moi, est arrivée

Mes branchages nus, écartés ;

Pour moi, tout est terminé,

Je vais à la rue hiberner.

Je vais par toutes les routes.

Dans le froid que l'on redoute,

Mon cœur humble sans doute,

Chanter ce refrain à vous toutes

Je chanterai pour les cons et les cônes

Qui au plaisir s'abandonnent

Ignorant la sentence qui tombe

Nous creusant par-là la tombe.

Ir KABASELE DYCKOBA MULUMA A NYAMA Joseph Richard. E-mail: mulumanyama@gmail.com.

Vous nous péchez à la vie par la grue.

Vous nous envoyez ensuite à la rue.

Nous clouant la misère d'efficaces écrous.

Car nous vous sommes des amours crus.

L'hymne de l'enfant de la vie

MAMPA SAWOLE

Emporté par le vent et la tempête dans ton port.

L'avalanche et l'orage n'ont pas géré mon transport

Dans le gouffre du délire nul ne servait de support.

Secours, pitié, délivrance qu'à Dieu déplaise mon sort.

J'ai songé quelquefois aux yeux noirs de la mort.

Qui saura ce qui pourra plaire à l'homme ?

Le vent ou la tempête !

L'aurore ou le crépuscule !

Le jour ou la nuit

La chaleur ou le froid

La lumière ou l'obscurité

La musique ou le silence

Perfides sont – ils quand j'y pense

Ils ne pourront qu'accentuer ma dépense

Qui saura ce qui pourra plaire à l'homme ?

L'océan ou le désert !

La ville ou la campagne

Ir KABASELE DYCKOBA MULUMA A NYAMA Joseph Richard. E-mail: mulumanyama@gmail.com.

La compagnie ou la solitude

Pauvre compagnie de misère, en elle on croit s'épanouir.

Faisant l'image de l'aventure pour s'y évanouir

Chère solitude de malheur, qui ne s'y jamais découvert

En toi l'homme trouve ses grandeurs.

Sont – elles vraies ces fameuses grandeurs ?

Qui saura ce qui pourra plaire à l'homme ?

La terre ou le firmament !

Les ailes ou les pieds !

L'amour ou la haine !

La mort ou la mort !

Qu'en mourant l'homme prend son plaisir

De sa peine, il veut arrêter les désirs.

Superflu ! tout renait au-delà de cet empire.

Qu'en vivant l'homme manque de directives

Il est instamment hanté par les joies fictives

Pauvre créature en toi brille l'incertitude

Dissipe en toi la crainte de la turpitude

De ton courage fait valoir la dignité de ton âge

Ouvre-toi comme s'éclore une belle fleur sage

A la lumière fait sentir son parfum de plage

Pour arrêter mon transport, reste dans mon parage

Ir KABASELE DYCKOBA MULUMA A NYAMA Joseph Richard. E-mail: mulumanyama@gmail.com.

A MA MERE.

Ma mère m'aime.
Je le dis car la vie me le permet
Depuis que j'étais dans ses bras ;
Comme un œuf du cobra

Je la regardais en souriant.
Son réciproque sourire m'enchantait.
De fois je faisais de pleurs en criant,
Elle se mettait à chanter.

Voici que tout elle m'accorda :
L'ordre, la beauté, le courage de combat.
Plus que tout je l'aime.
Rire nouvel et sourire sème.

Comme dans une case en fumée
Je me souciais,

Je m'enflammais,

Pour cette absence qui me touchais.

Ah ! que peut - être elle qui garantie

Ma vie qui coule sans danger.

BRETHE

Je suis la porte voyante à travers.

De l'intérieur je contemple la nature.

De l'extérieur je fais une barrière,

Une cachette d'histoire.

Je compare la nature et l'art.

Pour trouver la coïncidence

L'intérieur et l'extérieur.

Dans ce regard interrogatif jamais

Je n'ai trouvé de ressemblance.

Comme conclusion « le monde est à l'envers ».

Diacre vous veut bonne géographie du monde.

Une vie active et meilleure.

Ir KABASELE DYCKOBA MULUMA A NYAMA Joseph Richard. E-mail: mulumanyama@gmail.com.

MAMAN MA CHERE

Un jour juste après la guerre

Mon chagrin me colle à terre

J'ai bien songé me jeter à la mer :

Car toute la vie pour moi étais amère.

Quand j'ai pensé à toi ma mère

J'ai passé en revue l'état de mon père.

Je regrette que pour toi je serai pervers :

De consentir ton dessein passé à l'envers.

Ton fils si aimé élire domicile chez les vers !

Que d'un cœur soucieux, Dieu me prêtera les enfers.

Ainsi j'ai dit « repose cœur de ma mère »

Mais, sachant que tous mes désirs sont éphémères.

Ma détresse est créée par ses pervers.

Comprends, maman, qu'à ma victoire,

Sans qu'il ait combattu la mort

Ils lui font gloire.

A moi, pour ma victoire

Peu d'honneur je ne préfère.

J'en suis deux fois mort dans ma tombe intérieure

Comme Ribeivero, je me vois dépiécer par la panthère.

En voyant au loin s'évader la félicitée de ma triomphe.

Vers la tête couronnée des rêves.

Dans ma deuxième tombe la fontaine m'apprit sa grammaire

De lui la royauté est une force étrangère

Il avait à son temps trouve la couleur

Que parmi les rois Tutti quanti nul n'est guère

Que fisse-t-il plus grand que Molière.

BAOBAB DE MISERE

Fleurira-t-il un jour ?

Pauvre qui perd ses branches toujours

Pour attendre la mort, la vie lui offre un séjour.

Ses yeux ouverts, sa bouche fermée, il croit au secours.

Mais pour lui le temps file et court !

Il était le repos de tout oiseau,

Il était la source des ruisseaux,

Il était la rivière ou on puisait vives les eaux.

Il était le repère des nids remplis d'œufs.

Ir KABASELE DYCKOBA MULUMA A NYAMA Joseph Richard. E-mail: mulumanyama@gmail.com.

Baobab de misère, pourquoi as-tu perdu ta grandeur ?

Baobab mon Baobab, tu es rejeté pour avoir perdu ta saveur.

Tu ne cesses, comme par enchantement, d'attendre un sauveur

Baobab mon repère, à ton ombre je vis.

Baobab mon refuge, à ton ombre j'étais ravie

Et aujourd'hui fraicheur d'enfance

On érige un lit d'un torrent,

Torrent qui arrosera tes racines.

Quel que soit le désert de tes désespoirs.

Même par les gouttes de salive ; tu porteras de l'espoir.

Baobab mon espérance avant de t'éteindre

Tes cris d'oiseaux, tes eaux vives te reviendront.

Baobab de misère, tu n'es pas la misère,

Mais Baobab mon secours, tu es mon coffre-fort ;

Un jour de malheur tes pores, nous fournirons de l'effort

Un temps de tempête et de l'orage, Baobab de sage.

De ta maison nous ferons un château fort.

Puis Baobab mon amour, nous y bâtirons un renfort.

Baobab de courageux, baobab de bonheur

Sur ta souche, je construirai ma gloire.

Même dans les gouffres de la cendre, de la mort,

Et du vide de Baobab. Tu auras mes honneurs.

Que mort ou poussière, tu vives dans l'éternités.

... DE BUSH

A Bagdad sous les tombes ils plissent.

Gardez vos larmes, vos tristesses.

Epargnez mon angoisse de vos tendresses.

J'ai jugé pour vous, rendre l'injustice.

J'ai payé de son sang la justice.

Pour tout repos, j'ai choisi les supplices.

Je vous tiens à la charge des complices.

Le monde me veut aujourd'hui sa police.

Mon pouvoir n'offre guère liberté gratis.

Il ne garantit à l'étranger rien de propice.

Il se vante de malheur qui l'épanouisse.

Si des cieux, Lucifer descendit

Le gouverneur de là ne le lui permit

Du pouvoir impérial lui imparti

La tranche aussi petite ne lui voulu

Ir KABASELE DYCKOBA MULUMA A NYAMA Joseph Richard. E-mail: mulumanyama@gmail.com.

Aux mêmes fameuses tortures il soumit

Les anges, n'eurent pas le gout et désobéirent

Sur nos filles ils se défoulaient sans politesse

Les lois pour eux furent dures et cruelles.

Le pouvoir sur son trône tout converge.

Sa couronne toute la sagesse conserve.

Si de ciel l'homme n'a point de repos

Une raison d'inventer le purgatoire ou le dépôt

Pour profiter en ce lieu l'oublie de Léthé le ruisseau.

Comme au ciel des anges et des archanges

Sur terre pauvres cœurs et richards.

Dès lors notre heureuse cité ne peut guerre se bâtir

Car les Etats Unies des anges veulent leurs instances relirent

Seul parmi humain et divin fut

Sage et ingénieux, Platon.

AU PAYS DE SENGHOR

L'Afrique, tu es le lieu de Terminator.

Les armées t'usent en terrain de sport.

L'histoire des pays de Léopold Sédar Senghor.

Aussitôt de l'autre côté de la mer sur le beau port.

Son frère crie au secours aussi fort.

Ir KABASELE DYCKOBA MULUMA A NYAMA Joseph Richard. E-mail: mulumanyama@gmail.com.

Tous ses cousins voulaient connaitre son sort.
Pétri de faim, il leur conte son histoire de mort
Chers cousins, mon Afrique s'endort
Dans la misère, la sècheresse sans support.

Léopold écoute chanter ton frère au ténor.
A peine ses racontars, pour lui une maison de décor
Son souci s'égard, il prend plaisir au confort.
Son hôte aussitôt l'engraisse comme un porc.
Des mets sains, délicieux et multicolores
Il refait sans retard son pauvre corps

Parti par la mer, il retourne par l'aéroport
Pour toute récompense, on lui emballe la mort
Son appareil rempli d'armes et munitions à bord.
Délégué de ses frères. Il revient major.
Il doit à chaque jour faire un rapport
Sa grande mission de minotaure
Elle est expresse et sans report.
Contre les affamées il se bat comme le fluor
Dans la gencive détruit les bactéries jusqu'aux pores.

Afrique mère sonne alors le cor
Debout ! Afrique ! bouche tes pores

Ir KABASELE DYCKOBA MULUMA A NYAMA Joseph Richard. E-mail: mulumanyama@gmail.com.

Par où s'évade ton sang et ton or

Qui devra te mettre sur un ressort

Jamais, Afrique tu ne connais l'essor

Si ce n'est dans la misère ou tu bas le record

Oh ! vieilles histoires du pays de Senghor.

AMANDA

La haine mon amour

Souffle le vent de la montagne,

Souffle le vent de la colline,

Souffle le vent de l'apartheid.

Souffle emporte l'amour.

Souffle le vent chéri apporte la haine.

Apporte le racisme, l'apartheid.

La haine mon amour !

Jamais on n'a forcé la nature,

Jamais on ne peut changer le monde.

Soweto, Amanda !

Ayez de l'espoir, criez victoire.

Montserat n'était pas noir !

Criez liberté

Montserat aida Bolivard.

La haine mon amour !

Ils ont haï ma couleur

Ir KABASELE DYCKOBA MULUMA A NYAMA Joseph Richard. E-mail: mulumanyama@gmail.com.

Ils ont maltraité mon sang

Quand sa main cruelle se lèvera

Pliez-vous elle frappera son propre frère !

Sa haine si forte ne tombera que sur les siens

Dans sa rage il coulera le sang du seul ennemi son frère !

La haine mon amour !

Le sang fut sacré !

Mon sang n'est apparu que pour aimer.

Ma main s'abstient le bain dans la mer rouge.

Elle ne se lèvera jamais sur mon persécuteur

Après leur proie, les loups se mordent les jambes.

LUI ET SON PERE

Il n'avait jamais aimé son père.

Pourquoi ne l'avait-il pas aimé !

Longue histoire qu'il raconte !

Il avouait qu'il ne l'avait pas aimé !

Son père, disait-il était son rival de naissance !

Bien sûr c'était son père !

La faute de son père est d'avoir aimé la même femme que lui.

Ainsi père et lui aimaient une seule femme !

Le père, pauvre père avait contacté une alliance verbale avec la femme.

Encouragé par son entourage, jamais ne se lassait

Il a son tour payé des fleurs, des robes, des bijoux

Des wax, les biens comblaient la demeure.

Père, infortuné père avait oublié une chose !

Dès son arrivée au village, lui signe un pacte,

Par sa ruse, dans le sang avec la femme !

Qui lui payait des vêtements, souliers, un lit,

Plein des choses pour lui plaire avec la richesse du père !

Qui de deux a trop donné ? lui ou son père ?

Décidait la femme, lui son pacte est dur.

Trahir son sang, sera me trahir.

Ce pacte sera lié jusqu'à la mort !

Misérable père, son contrat papillonnait sans soutien.

Avec trop de rancœur il avait supporté sa douleur

Car en toute circonstance lui était à sa mère.

Mais sa patience fut si forte qu'elle écroula le château fort

Sur cette patience, lui fondait un sublime courage.

Lui reconnait son père vainqueur,

Car il avait accepté de mourir dans son corps

Pour enfin forger un cœur.

Ir KABASELE DYCKOBA MULUMA A NYAMA Joseph Richard. E-mail: mulumanyama@gmail.com.

Mais pour lui la femme qu'il aime fort est celle de son père.

NDOMANUENO

Aujourd'hui l'espoir est mort.

Au plus haut misère le cœur ferme ses portes.

A ce jour misère j'ai vu misères.

J'ai pensé, douleur m'a habité.

J'ai vu périr mon frère.

J'ai songe au désert de l'être

J'ai pleuré dans mon cœur,

Mais j'ai garde pour rire

Cris d'encouragement, consolation j'ai jugé oisive.

Un rejeton ne peut porter des fleurs.

Désolation, détresse sans secours.

Incompatibilité !

Qu'à ce jour malheur m'a saisi

Dans ma plainte ma guitare m'a trahi.

Mon voisin de gauche a dansé,

Celui de droite a son plaisir a souri

Cantique de misère non compris

BILICE

Un jour elle disait à sa mère !

« Fortunée la femme qui épouse l'homme de choix »

Qu'il est galant ce mec depuis notre rencontre.

Je l'ai avec folie et snobisme aimé

Il m'a séduit, mon estime à son égard est très fort.

De peur de blesser celle qui à la première pluie

S'est jetée dans ses bras, je ne puis le garder

Si tous les hommes avaient cette grandeur d'âme

Je les aimerais tous.

Si tous avaient cette vision de mon cœur,

Mes ambitions et mes désirs

Je les aimerais sans défigurer

Sans découvrir en eux du mensonge

L'incertitude lisible dans les yeux me décourage.

Leurs paroles hésitantes me lassent

Si tu veux mon amour, mes adorations et louanges

Fais comme mon père

Elle criait fort a sa mère :

« Fortunée la femme qui épouse l'homme de son choix »

CONSOLATION II.

L'attente décevante est une mort

Pour cette entreprise j'ai eu tort

J'ai aux intempéries expose mon corps

Mon espoir de gagner la bataille du sort

Malheur, désolation dans cet ardent sport.

J'ai planté la fleur préférée,

L'arrosant comme un jardinier le ferait.

Si tu écoutes tu apprendras !

Ma fleur je n'en ai pas eu envie

Mon cœur est chez le voisin

Mon désir est sur le plateau

Mon chagrin porte sur les coquelicots

L'oublie gagne mon cœur de commando

Arrosée, nourrie dans l'abnégation

Pourquoi aujourd'hui j'aimerais l'adoration ?

Des fleurs dont je n'ai pas d'autorisation ?

Ma rose je n'ai mangé aucun brin !

C'est de même que celle du voisin !

Adore ses fleurs et laisse-les dans le champ.

Une seule chez soi est une prison de camp

Aime-les toutes chacune à son temps.

Ne cours pas, jamais pour elles, tu baisses ton sang.

MACHABERNIE

Habité par un grand chagrin de ne te revoir,

Que comme un pain abandonné au dépotoir,

Je fais mon voyage dans l'océan du désespoir

Qui depuis longtemps est mon miroir

Mon désir fleuri,

Mon plaisir s'amoindri,

Mon courage péri.

Jamais ma vie ne tarie,

A l'amazone elle porte son eau de Javari.

Il est parfait que l'homme vive la solitude ;

Ir KABASELE DYCKOBA MULUMA A NYAMA Joseph Richard. E-mail: mulumanyama@gmail.com.

Delà il découvrira ses habitudes.

Il est préférable qu'il ait peu de sollicitudes,

Afin qu'il ne soit comble de plénitude.

Tout ce qui m'est cher, m'est éphémère.

J'ai envié le vestige, il est devenu Palmyre !

Toute chose qui m'est sûre est passagère.

Mon cœur est ma tombe, ma dépouille elle préfère.

Mon cœur se plait de joie précaire.

Il est pour moi un abattoir, un enfer.

La pensée est une vague, le chagrin est son pire.

Quad il demeure chez vous, il vous torture.

Aimer le cœur qui s'en dégage, en soupire.

Aimer le monde de douleur

Car il est le bateau de l'amour ;

Il est celui de douceur

Ainsi ruine mon premier tour.

LA FOIRE

Un soir de malheur mais clair.

Celui ou les tambours à chaud battaient pour plaire

Le soir ou tout autour de moi éclatait de jouissance

De leurs pieds frappant le sol en puissance,

Les danseurs estimaient maintenir l'ambiance.

Rituel oiseux et vide !

Il paraissait monotone et rapide.

Dans les Etoiles, les nuages on cherche un milieu aride

Lieu où se dissimile le désir.

Où les yeux quêtaient le plaisir !

Ce ne fut pas autant avec les sens !

Qu'en était-il des sens ?

Le chemin est vide d'idées multicolores

Ils ne savent pas ce qu'il préfère

Ils trouvent au fond de l'ignorance.

Là au plus profond de l'insouciance.

Où n'arrivent que ceux qui ont découvert l'inconscience ;

Ce soir de lumière les sens ont découvert le mensonge.

Comme on va la rencontre d'un songe,

Sens amoureux aujourd'hui découvre l'amour !

Ce soir ils ont vu amener deux et plus deux !

Mais pauvres sens n'ont pas vu l'amour entre eux !

Qui par espérance,

Qui par importance,

Qui par, qui pare

Sales mensonges

Seul lui, il l'a choisi sans couleur.

Oui sans couleur de peau, de yeux, ni de chevelure.

Oui sans couleur, sans tenir compte de rob....

Oui il l'a aimé par amour.

De retour des nuages les gens conclurent :

C'était cela le vrai STORGE.

Ir KABASELE DYCKOBA MULUMA A NYAMA Joseph Richard. E-mail: mulumanyama@gmail.com.

MA JUMELLE

Grand, accablé, déchiré, au bout du monde

Pour ta cause salie est réputation par ton sang.

Misérable ! tu m'as par surprise, roué dans la nuit sans fin.

A l'instant Venus intervient pour soutenir ta cause.

Jambes et bras liés je suis tombé dans son embuche

La déesse de visage ôte ma notion de diaconat

M'instruit des notes nouvelles extraordinaires.

Ma foi ! son éducation réussie.

Eros avait pour toi ouvert ses portières,

On m'introduisit la déesse à la rencontre.

Je suis maudit. Eros n'oublie jamais mes paroles.

Mais ces paroles n'ont pas trouvé de refuge.

Implore ces Athéniens oppresseurs de Phèdre

De porter ailleurs leurs leçons.

Eros de punir ta faute.

Ir KABASELE DYCKOBA MULUMA A NYAMA Joseph Richard. E-mail: mulumanyama@gmail.com.

METISSAGE

Je souffre car j'aime ma couleur.

Je crie car j'aime sa valeur.

Mais qu'elle est donc ma couleur ?

Elle est pire ma couleur

Non, je sens en moi le blanc qui impose son pouvoir !

Bien sûr en moi le noir n'abandonne pas sa teneur !

Ainsi métissage, je veux dire que je n'ai pas de couleur

Aussi longtemps que j'ai une couleur.

J'apprécies du corbeau sa cravate blanche.

Je vois sur son dos sa veste noire.

Le corbeau est habillé en noir, conclue-je.

Sa cravate blanche pour marquer son innocence

C'est donc ça métissage ma souffrance

Je vole parmi les oiseaux qui me fuient.

Je ronge parmi les souries qui s'éloignent

Voilà mes possibilité métissage.

Mais souvent s'enfuient toutes mes précisions

C'est pourquoi métissage je vous torture

Je suis dans vos foyers, et dans vos sociétés.

Je suis dans vos pensées, et dans vos paroles.

Métissage, je vous étouffe et demain je vous noie

Ni le noir, ni le blanc rien ne vous sera destine

Vous êtes mort dans mes profondeurs

Qui viendra à votre secours ?

Ni noir, ni blanc, personne ne connait votre parcourt ;

Car pauvre vous avez suivi métissage.

Rien ne peut vous réussir, votre entreprise est métissage.

Acceptez tard votre tort et mourez sans remords.

DIAMBU KUMBANZI

Peuple qui pleure,

Qui essuyer tes larmes ?

Peuple dans la folie de la misère,

Qui portera tes armes

Ta descendance n'a plus d'avenir

Le lendemain voit sa ruine venir.

Qui guérira tes fous ?

Seul la CHIKWANGUE devrait venir à bout

Quand sur ton visage on lit l'angoisse

Qui te délivrera de cette impasse ?

Trente ans tu as change dans la paresse

Danses bientôt la danse de la tristesse.

Peuple qui a franchi la mer

Tu désires l'Egypte et la servitude.

« Quand il était ici l'époux de sa mère un fouet à la main d'habitude »

De la main qui tenait le pain il me dit :

« Pour manger chaque jour à ta faim,

Prends l'exemple de la brave fourmi

Sous les coups des fouets entonnes ton refrain,

Tu récolteras par centaines,

Tu te rassasieras de ta peine

Peuple qui pleure

Prend courage, oh mon peuple !

Des tous tes fous, aucun ne sera guéri

Sans que son ventre soit nourri

Attend en plus un moment de sècheresse

Pour que passe cette génération pècheresse.

Toi peuple qui me ressemble

Viens qu'on se mette ensemble

Que toute nos langues se rassemblent

Ir KABASELE DYCKOBA MULUMA A NYAMA Joseph Richard. E-mail: mulumanyama@gmail.com.

Voyons demain que sera notre table.

A QUAND TA SAISON

L'oiseau de malheur se veut de bonheur.

Ces grains, tu les as amenés de loin

Aux horizons où se perdent les points

Tu les plantas dans cette plaine

Dans la misère et dans la peine.

Quand viendra sa moisson

Ça ne sera pas ta saison

Ces vignes tu les as par centaine

Plantées pour ces yeux de haine

Quand viendra la pression

Ça ne sera pas ta boisson

Cet hymne tu l'as forgé par ton dos

Cherchant le rythme la pluie sur son dos

Quand viendra l'ovation

Ça ne sera pas ta chanson

Toujours, oui, toujours tu pars.

Ir KABASELE DYCKOBA MULUMA A NYAMA Joseph Richard. E-mail: mulumanyama@gmail.com.

Derrière, tu laisses ta part

A quand ta saison ?

De l'autre rive de la rivière

Tu te souviens de ton bréviaire

Des amours à récupérer

Des larmes à rassurer

Des angoisses à respecter

Oiseau sème et oublie.

A quoi nous servent ce deuil, ce malheur

Essuyons nos larmes, créons le bonheur

Invitons, nos amis ont la fête et les danseurs

Disons dans la joie adieu par nos chanteurs

Que le partant nous délivre de la peur

Attendant à la prochaine notre tour.

KIADI KIANTIMA

Vous les femmes, vous nos belles fleurs

Vous pour qui nos larmes coulent en fleuve.

Vous n'êtes pas seulement des roses

Parmi vous il y a aussi des carnivores.

Ir KABASELE DYCKOBA MULUMA A NYAMA Joseph Richard. E-mail: mulumanyama@gmail.com.

Pleine de grâce soit elle, donne naissance au prophète

Elle est juste franche humble et de coutume parfaite.

Bénie soit elle, donne vie au roi.

Elle est sanctifiée par le roi des rois

Comblée soit elle engendre l'ingénieur.

Elle est saine et élue par le seigneur.

Sage soit elle accouche le savant

Elle est vierge et choisie auparavant

Carnivore soit elle enfante le voleur

Elle est baudruche et née sorcière

Maudite soit elle éclore l'assassin

Elle est démoniaque le diable dans son bassin

Qu'a-t-elle garde dans son sein ta mère ?

Elle est maritorne ou monstre de mer ?

Oh ! qu'elle avait la beauté de l'enfers !

Elle est sans pitié. Offre au monde un pervers.

SALE NATURE

Aujourd'hui sèche, vache laitière.

Que puis-je espérer de toi cendre de morts.

Ir KABASELE DYCKOBA MULUMA A NYAMA Joseph Richard. E-mail: mulumanyama@gmail.com.

Toi que les buches attendent d'un feu ardent,

Pauvre timide.

Hier c'était mon lait bouche béante.

Aujourd'hui sèche, vache laitière,

Qu'attendez-vous de moi, vache laitière.

Incorrigible nature sale mémoire,

Mon fumier à ce jour portera des fleurs,

Vache laitière dans ma cendre

Je ne sombrerai pas dans le désespoir

Sale mémoire, bouche béante

Je germerai dans ton ingratitude

Mes fleurs égaieront les princes

Un jour de disette te rappellera mon importance.

LIBERATION

L'homme n'a pas grand ennemi que lui-même

Il se bat se torture et se sème

Sa toute bonne volonté au cimetière l'amené

Il se dit la vie est un combat

Contre lui son armure n'est ni ne dure ni ne compacte

Ir KABASELE DYCKOBA MULUMA A NYAMA Joseph Richard. E-mail: mulumanyama@gmail.com.

Dans la vie il n'a pas d'adversaire pire

Seul il se veut monstre noire ou vampire

Comme d'ennemi il manque seul se déchire

Il n'a pas le courage de vaincre ses soupires

Triste cœur cherche l'attaque, ses douleurs s'empirent

Il oublie le bon moment de l'accueil chouette

Qu'en naissant nous sommes reçus fanfare et trompette

Nus nés, nous vêtons gratis les robes de la fête

A la dignité du roi partout sonnent les clochettes

Tu es le bienvenu sans arme ni allumettes

Quel bon jésus ! sur le champ de bataille nous fait ses hôtes

Quelle victoire n'aurait-il pas gagne sans peine

D'élimine l'ennemi qui du parachute vers la Paine

Pieds ballants sans équilibre de la main qui dégaine

Lui qui est ferme sur le sol les abattrait par centaine

Quelque naïf soit-il offrant la force maximum ?

Pour que demain nous lui envoyons un ultimatum

Quelque dieu soit-il afin de nous dévoiler son intelligence ?

Quelque providence soit-il nous épargnant de sa sentence ?

Quelque fou soit-il de protéger une main menaçante ?

Ir KABASELE DYCKOBA MULUMA A NYAMA Joseph Richard. E-mail: mulumanyama@gmail.com.

Comment nous instruira-t-il que la vie est une guerre ?

Comment nous inculquera-t-il nue telle peur ?

Fils de l'avenir inspirez-vous de la nature.

Par vous nous cimenterons le futur.

Espérons ainsi ne plus récolter des pourritures

La vie est grand festin, une grande fête

Ou pour nous accueillir se dérangent nos hôtes

Dans l'ivresse chacun se sert et a table se mette

De là nous incombe la responsabilité de choisir,

Quelque mets fructueux pouvant nous remplir

C'est là que nait la théorie de la guerre

C'est là l'ivresse de l'adulte et l'adolescent

Qui ne peut se servir empêche son partenaire

Qu'au plus vifs et viriles les tacles sont invalides

Nul besoin d'handicaper abdiquer leur effort.

Peine est d'aller vers ascèses.

Sans haine, ni la crainte de la mort

La vie est une fête les enfants je vous répète.

MUALUKIE

Petit enfant, oh ! enfant chéri !

Ne confond pas ma chanson de vie

A toute douleurs d'enfance et d'envie.

Petit enfant ! oh ! enfant chéri !

Ton âge de la vanité de Salomon m'a préservé.

Passe ton temps, la folle du vent m'a hanté

J'ai de la porte de mon navire franchi l'entrée

A Knossos m'amènera comme thèse.

J'ai cru ma folie plus forte que ma raison

Là où tu es, quand les leçons de Salomon réussissent

Celle des Grecques t'indiquent la Crête ;

Ou le destin est de visiter la demeure de Minos.

Petit enfant, oh enfant chéri .

Dans le labyrinthe de roi de la crête

Après la victoire du fils d'Egée venu d'Athènes

A sa place, Miniature s'agit-il,

Ses sœurs remplacent sa défaite.

Petit enfant, oh ! enfant chéri.

Ainsi par-delà la sagesse de Phèdre,

Nul n'y peut par sa malice revenir !

Souk Mona tore était ennemi de la mort.

Dans leur nombre, ses sœurs, ennemies des enfers.

Petit enfant, oh, enfant chéri !

J'ai conquis les tailles, les postures, les carrures,

Les parures, les classes, les soins les yeux les peaux,

Les sourires et les rires

Je me suis battu pour les joues, les jambes, les pieds.

Petit enfant, oh ! enfant chéri !

Même pour les moindres mal connus

Détails je me suis drogue.

Ecoute enfin sourd enfant.

Mon entreprise arrive chez Salomon.

Toutefois vainqueur je voyais une seule lueur.

Petit enfant, oh ! enfant chéri !

On ne pouvait que le mont de Venus gravir,

Et par sa vallée on était au dehors !

Sans victoire triomphante,

Sans souvenir de la guerre,

Que comme Adam et Eve on se retrouve

Petit enfant, oh enfant chéri

Crète existe ! à chacun son tour.

Jamais on ne peut quelle que soit la prison

T'y défendre petit voyou.

Vas y a la seconde, découvre le vide

Petit enfant, oh ! enfant chéri.

Petit enfant, enfant chéri,

Apprendre à cœur par la tête

Leçon mourante, leçon vivante

FILLE DU ROI

Fille du roi, princesse ma chère,

Cette marque d'honneur je la porte pour ton père.

L'ouragan de ta splendeur comme un mirage

L'avalanche vente tout à son passage.

Ma bouche se dessèche et ma gorge n'a pas de mots.

Fille du roi, princesse ma chère.

Pieds nus, dans un costume de raphia

Ir KABASELE DYCKOBA MULUMA A NYAMA Joseph Richard. E-mail: mulumanyama@gmail.com.

Ton serviteur n'a pas manqué de cœur
Mon costume n'est qu'une existence
Dans mon intérieur je cache mon essence

Diable emporte ton serviteur
Il attend le soleil se lever dans un confort
Pareil à celui de l'étable de ton père
Par toi s'allument les lanternes royales,
Dans les flammes rouges brule mon espoir.

Fille du roi, princesse ma chère
Si la vie ne pouvait être que l'apanage des nantis,
Notre courage serait mort à la lumière on portera un autre regard
Si la pauvreté signifiait l'inexistence
Naitre nu nous servirais de confort.
Pauvre arracherais les membres de son corps
Car l'envie et l'amour fuient la misère

Fille du roi, princesse ma chère
Démunie je n'ai pas la pierre a la place du cœur
Ecoutes chanter ma complainte
Entends crier la voie de ma misère
Efface la fortune, exploite mon trésor.
Que dans les lanternes les mêmes désirs.

Ir KABASELE DYCKOBA MULUMA A NYAMA Joseph Richard. E-mail: mulumanyama@gmail.com.

PLAINTE DANS LE PALAIS

Tôt le matin, j'écoutais chanter dans les bois.

Une voie lointaine, comme un chien qui aboie

Plus rien ne puisse plaire que d'accepter de briller pour toi

Soleil de bélier, tu sembles freiner la croissance.

Au-delà de ton désespoir je mettrai l'espérance.

Dans ton étable tu fais naitre le sourire

Soleil je m'expose à ta chaleur.

Quand on a un cœur on l'offre à l'entourage

Quand on a un sang on le verse dans l'espoir

Quand les mots manquent on les cherche dans le pâturage

Ton hymne éteint les lampes de ton inconscience.

Les voilà s'allumées dans ta conscience.

Ton étable devient mon seul repère sur.

Fille du roi, je le demeure par la nature.

Princesse, je ne le serais que par ma parure.

Offres -moi cette insignifiante chose.

Aux pieds de mon père, je crierais

Grace à ton serviteur.

INSUPPORTABLE TENDRESSE

Ne suis-je pas ne pour jouir ?

Suis-je destine à fuir ?

Qui derrière les portes de pénitencier,

Qui au crépuscule de ses jours,

Qui des larmes aux yeux regard le fictif,

Qui des plaintes intenses rongent le cœur.

Non tu voyage, pauvre voyageur,

Tu es la source des malheurs.

Jamais tu n'as tué l'amour

Mais dans ta fuite tu le trahis toujours.

Et personne ne sais empêcher cet humour

Pour toi est devenu chanson de parcours.

Tendre voyageur, fermes moi les portes de ce cœur

Ainsi dans ta solitude, tu éluderas les rancœurs ;

Car nul ne sait aller ta route faute de sa longueur

Ir KABASELE DYCKOBA MULUMA A NYAMA Joseph Richard. E-mail: mulumanyama@gmail.com.

Reçois donc ma demande perpétuel voyageur.

Toi qu'attend l'obscurité de la mort
Tu seras amené dans ce séjour a tort.
Bien sûr, pour ta correction, te faudra des remords
C'est pourquoi d'avance, ferme-moi ce coffre-fort,
Et enfin vas ton chemin de l'effort,

Va, va toujours, loin et toujours loin.
Aies surtout l'œil a l'aurore ;
Car un jour se lèvera sur soleil de bonheur.

MUTOMBO

Le beau ciel ouvre ses portes aux bien-aimés du seigneur.
Qui gardent le beau souvenir de pauvre cœur ;
Blâmant la haine et semant la liberté, la paix.
Voilà les oiseaux vivent parce que nous ne savons rien d'oiseau !
L'homme ne vivra pas parce qu'il est !

Fils de dieu vivant, le ton du promeneur solitaire
Se lève, casse le silence, vibre dans le mystère de bois

Ir KABASELE DYCKOBA MULUMA A NYAMA Joseph Richard. E-mail: mulumanyama@gmail.com.

Il immobilise les feuilles qui tombent.

Il est le caillou, il est rivière, il est foudre, il est firmament'

Il est l'aigle qui vole seul

Un oiseau se fait entendre après la saison de beaux jours.

Sa voix n'a rien de tendre.

Celui du prometteur solitaire est tendresse et fleurs.

ROSE

Tu désirais la communion.

Pauvres, répondons en lion ;

Un jour jugeant nous plaire ;

Egoïste appliquons le glaive

Dans notre nuit pensons parfaire

T'ôter la vie joyeuse et claire

Notre solitude, te croit satisfaire

Voilà donc, Rose, notre entreprise.

Rien ne nous sort de cette emprise

Tous innocence souffre dans prise

Réagis, Rose, que personne ne te méprise

Je t'aime, Rose, tu vas à la mort.

Ton bon parfum me laisse des reports ;

Inoffensive, tu égards ta progéniture a bord,

Sinon, ta descendance tu sacrifies ton sort

Simple plaisir te mené au mauvais port

Estimes-tu, Rose, la valeur de ton corps ?

Faible nature qui veut t'épanouisse

Un amour « Storage » évite qu'il te nuise.

REPENTENCE

Le mal du mal est qu'il est comme le sel

En y goutant on ne fait pas de parcelles.

On y reste terre, enfonce jusqu'aux aisselles,

Tout le mal que commet un homme.

Est tel qu'un pommier portant sa pomme.

Un jour mur, a la dent passe comme la gomme.

Mais le mal qui est dans l'homme.

Il est un feu brillant qui le consomme.

Il lui est inséparable tels les revers et la paume.

Ce mal le ronge et le tue.

Tout combat contre lui l'accentue.

On y va baissée on s'y voit seul

On y reviendra car le croit-on pareil.

A la fin des tortures on exige le pardon du ciel.

Ir KABASELE DYCKOBA MULUMA A NYAMA Joseph Richard. E-mail: mulumanyama@gmail.com.

L'OMBRE D'UN JOUR

Rien de ce qui tue ne nous est d'avance prévenu !

Aux pris de milles sacrifices je suis parvenu

Dans l'ignorance vaincre la guerre des nus.

La curiosité m'a conduit vers cet inconnu.

Ma victoire est restée sans gloire et saugrenue.

Mon espérance lassée s'égare dans les délires.

Hélas, la honte est prête à m'ensevelir.

Comme le corps de l'ombre voulait s'abâtardir.

Il tombe de firmament nul ne peut le secourir.

Dans sa chute il va dans la fosse pour pourrir.

Réveille, poète, en lui notre seul meilleur secours

Qui nait, profite dans sa vie un long séjour.

Diable guettera de sa vie en vain le parcours

Jamais sa malice ne fera de lui un vautour

L'ombre de toujours

La sagesse bonjour.

LURDE

Plus grand, plus…que soit une œuvre !

De plus, plus d'années et de plus… !

Un brin de temps nous verra baigner dans ses décombres !

Un jour sans raison j'ai voyagé dans le nuage

De là-haut, je me suis découvert comme un mage.

J'y suis revenu avec une idée en tête et sage.

La nature même de l'homme est invalide.

Pour cela il doit une fondation se bâtir

Une fondation pas avec la pierre dure,

Mais au contraire à la pâte de la pierre.

L'homme doit par lui se faire,

Ainsi sur lui-même il pourra rendre compte.

Et s'il lui arrive de s'épanouir,

Que pour avoir compte au bout des doigts ses victoires, vraies sur soi et pour soi.

J'ai vu souffrir et mourir,

Pauvre, riche, vieux et enfants.

J'ai vu dans leur détresse,

Misère, petits et grands.

Les premiers derrière leur petitesse

Les deuxièmes se cachant dans la grandeur.

Mais le même mal qui rongeait nul ne l'apprivoisait.

Courage cœur généreux

D'autre ont fait le métissage

N'optant ni pour l'un, ni pour l'autre.

Ils avaient choisi de ne pas choisir

Alors vint vers eux la gloire

A la gloire faudra bien ajouter l'honneur.

CHANT D'AFRIQUE

Oh masque ! venez pleurez sur mon peuple

Masque qui avait abandonnés mon peuple

Oh masque ! venez consoler mon peuple

Masque aux visages sans masque

Rouge est le sang des noirs, des blancs.

Au début de temps

Accueilli, choyé

Dorlote est aime

Ce fut le blanc chez nous.

Mais demain dans cet amour

Comble, bourré de bien

Envieux de toute chose

Blanc amène le feu, la mort.

Le patron c'est le blanc

Ir KABASELE DYCKOBA MULUMA A NYAMA Joseph Richard. E-mail: mulumanyama@gmail.com.

Le capitaine c'est le blanc

Le marchand c'est le blanc

Esclave, traite de noir.

Enchainés, malmenés

Au-delà de la mer

Dans la peine, la misère

Pour le champ travailler

Indépendants aujourd'hui

Dans la faim, la douleur

Il nous amène les fusils

Entre frères tuez-vous.

L'Afrique en a assez

Assez monsieur le blanc

De toute tes tortures

Laisse l'Afrique en paix

La bombe, la mort c'est toi

L'apartheid, le racisme c'est toi,

Toutes les guerres tu es la,

Assez, assez monsieur le blanc.

EMANCIPEE

Lorsqu'on t'aura de tout privé, femme
Tes racines profondes de la vérité, dame
Ta joie, ton plaisir même ta tristesse
Ta colère, l'attention et ta caresse
On te louera être pareil à l'homme
Toi la prêtresse quémandera l'aumône
Quand on te placera sur ce trône
Tu ne seras ni mère, ni matrone
Que loisir, tu serviras d'objet
Que ruine. Tu seras abject
Ainsi es-tu femme émancipée
Donc l'humanité décapitée.

LOVE IS

Si mon désir de te voir jour après jour
Devient comme celui de ce curé de l'église
Qui aime dire sa messe chaque jour
Il faut que quelqu'un y assiste
Quelqu'un qui croit et insiste
Que ça soit alors une none
Une bonne sœur qui se donne
Corps et âme, entière en aumône
Je dirai avec des paroles inconnues
J'utiliserai des gestes trop connus
Surtout des courtes phrases inachevées
Que la none de la messe devra achever

Je dirai, je dirai…
Que l'amour soit avec toi…
Tu diras aussi : avec toi
Et patati et patata
Ça sera notre chance

DE TOUTES LES LOIS IL N'Y A QUE LA NATURELLE QUI TIENNE DEBOUT.

Ir KABASELE DYCKOBA MULUMA A NYAMA Joseph Richard. E-mail: mulumanyama@gmail.com.

Table des matières

Printed by Books on Demand GmbH, Norderstedt / Germany